Los trabajos de los perros

Los perros de servicio

por Marie Brandle

Bullfrog
en español

Ideas para padres y maestros

Bullfrog Books permite a los niños practicar la lectura de textos informativos desde el nivel principiante. Las repeticiones, palabras conocidas y descripciones en las imágenes ayudan a los lectores principiantes.

Antes de leer
- Hablen acerca de las fotografías. ¿Qué representan para ellos?

- Consulten juntos el glosario de las fotografías. Lean las palabras y hablen de ellas.

Durante la lectura
- Hojeen el libro y observen las fotografías. Deje que el niño haga preguntas. Muestre las descripciones en las imágenes.

- Léale el libro al niño o deje que él o ella lo lea independientemente.

Después de leer
- Anime al niño para que piense más. Pregúntele: ¿Sabías acerca de los perros de servicio antes de leer este libro? ¿Qué más te gustaría aprender sobre ellos?

Bullfrog Books are published by Jump!
5357 Penn Avenue South
Minneapolis, MN 55419
www.jumplibrary.com

Library of Congress Cataloging-in-Publication Data

Names: Brandle, Marie, 1989– author.
Title: Los perros de servicio / Marie Brandle.
Other titles: Service dogs. Spanish
Description: Minneapolis, MN: Jump!, Inc., [2022]
Series: Los trabajos de los perros
Includes index. | Audience: Ages 5–8
Identifiers: LCCN 2021034412 (print)
LCCN 2021034413 (ebook)
ISBN 9781636904153 (hardcover)
ISBN 9781636904160 (paperback)
ISBN 9781636904177 (ebook)
Subjects: LCSH: Service dogs—Juvenile literature.
Classification: LCC HV1569.6 .B7518 2022 (print)
LCC HV1569.6 (ebook) | DDC 636.7/0886—dc23
LC record available at https://lccn.loc.gov/2021034412
LC ebook record available at https://lccn.loc.gov/2021034413

Editor: Eliza Leahy
Designer: Molly Ballanger
Translator: Annette Granat

Photo Credits: Pixel-Shot/Shutterstock, cover (girl); andresr/iStock, cover (dog); WilleeCole Photography/Shutterstock, 1; Susan Schmitz/Shutterstock, 3; Hyoung Chang/Getty, 4, 5; fstop123/iStock, 6–7, 23br; Huntstock/Getty, 8, 9, 23bl; Roman Chazov/Dreamstime, 10–11; Design Pics Inc/Alamy, 12; Mark Hunt/Getty, 13; Arterra/Getty, 14–15; MSPhotographic/Shutterstock, 16–17, 23tl; Shutterstock, 17, 23tr; SR Productions/Shutterstock, 18–19; adamkaz/iStock, 20–21; Africa Studio/Shutterstock, 22tl; Tom Kelley Archive/iStock, 22tr; Steve Clancy Photography/Getty, 22bl; tifonimages/iStock, 22br; Chuck Wagner/Shutterstock, 24.

Printed in the United States of America at Corporate Graphics in North Mankato, Minnesota.

Tabla de contenido

¿Cómo ayudan?

Scott tiene un trabajo importante.

Le ayuda a Mateo a llegar a la escuela.

¡Scott es un perro de servicio!

A los perros de servicio
los han entrenado.

Ellos ayudan a la gente.

¿Cómo?

Tienen tareas.

Ed no puede oír.
Ruby se lo notifica
con su pata.

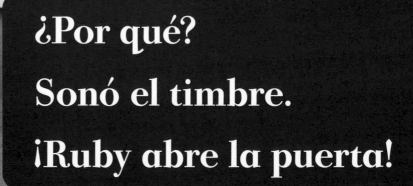

¿Por qué?
Sonó el timbre.
¡Ruby abre la puerta!

Ted no puede ver.
Gus le ayuda a
encontrar su camino.

A Morgan se le cayó el control remoto.

Bo lo ayuda.

¿Cómo?

¡Se lo recoge!

¡Mac le ayuda a Mía
a hacer sus compras!

mantequilla de maní

Javier le tiene alergia al maní.

Lucy huele el maní.

Ella ladra.

Así se lo dice a Javier.

Muchos perros de servicio tienen puestos unos chalecos.

¿Por qué?

Así sabemos que ellos están trabajando.

chaleco

SERVICE DOG

Los perros de servicio ayudan.

¡Ellos también son buenos amigos!

En el trabajo

**Los perros de servicio tienen muchos trabajos.
¡Échales un vistazo a algunos de ellos!**

perro de alerta de alergias
La dueña de esta perra le tiene alergia a una comida. La perra huele la comida para estar segura de que su dueña la pueda comer.

perro guía
El dueño de este perro es ciego. Este perro guía a su dueño.

perro señal
El dueño de este perro es sordo. El perro advierte a su dueño cuando algo hace ruido, como un timbre.

perro de asistencia en movilidad
El dueño de este perro tiene una discapacidad física. Ella ayuda a su dueño a moverse a diferentes sitios y le abre las puertas.

Glosario de fotografías

alergia
Una condición que hace que algunas personas se enfermen después de comer, tocar o respirar algo.

control remoto
Un dispositivo que hace que las máquinas funcionen a distancia.

notifica
Le avisa a alguien acerca de algo.

tareas
Las partes de un trabajo.

Índice

Para aprender más

Aprender más es tan fácil como contar de 1 a 3.

❶ Visita www.factsurfer.com

❷ Escribe "losperrosdeservicio"
   en la caja de búsqueda.

❸ Elige tu libro para ver una lista de sitios web.